Die Grille und die Ameisen

eve tharlet

Bilder von Eve Tharlet

Text von Käthe und Günter Leupold

nach einer Fabel von Aesop

Peters-Bilderbuch

An einem schönen warmen Sommertag hatte eine Grille es sich auf der Astgabel eines Baumes bequem gemacht und zirpte ihr Lied. Von morgens bis abends tat sie nichts weiter als zirpen. Sie genoß die milde Luft, das liebliche Grün der Natur und war glücklich.

In einem Weizenfeld ganz in der Nähe waren Ameisen den ganzen Tag fleißig bei der Arbeit. Sie holten sich Körner aus den reifen Ähren. Eine jede nahm ein Korn und machte sich damit auf den Heimweg.

Immer wieder schleppten die Ameisen ihre schwere Last den steilen Abhang zu ihrem schmucken kleinen Haus hinunter. „Kommt her! Packt an!" riefen sie einander zu. „Gebt acht, daß ihr nicht ausrutscht!"
Und so füllten sich die Vorratsräume immer höher und höher.

Die Grille sah belustigt zu, wie sich die kleinen Ameisen mit den schweren Weizenkörnern abmühten. „Warum plagt ihr euch den ganzen Tag lang mit Arbeit?“ fragte die Grille.
„Wir sorgen für den Winter vor“, antworteten die Ameisen. „Du solltest dir auch lieber einen Vorrat anlegen, bevor es kalt wird.“

„Für den Winter vorsorgen! Daß ich nicht lache“, rief die Grille. „Wir haben doch jetzt Sommer. Warum sollte ich an einem solch herrlichen Tag arbeiten? Nein, im Sommer da will ich mein Leben so recht genießen!“

Der Sommer ging vorüber, es wurde Herbst und immer kälter. Das Grün der Natur färbte sich allmählich gelb, dann braun. Welke Blätter fielen von den Bäumen. „Was soll ich bloß tun?“ jammerte die Grille. „Bald ist es Winter, und ich werde nichts zu essen haben“. Ihr wurde mit einemmal angst und bange. Doch es war zu spät. Fröstelnd kauerte sie sich wieder in ihre Astgabel.

Als die Grille eines Morgens aufwachte, war alles Land ringsum tief verschneit. Ein eiskalter Wind fegte über den Schnee. „O wie schrecklich“, wimmerte die Grille. „Ich friere und habe Hunger.“ Mühsam schleppte sie sich durch den hohen Schnee.

„Ich friere mich ja zu Tode“, seufzte die Grille. „Wenn ich mich nur wärmen und etwas essen könnte.“ Zitternd stemmte sie sich auf einer Anhöhe gegen den kalten Wind. Plötzlich entdeckte sie am Fuß des Abhangs das Haus der Ameisen. „Das ist die Rettung“, dachte sie.

In ihrem wohlig warmen Haus waren die fleißigen Ameisen gerade dabei, sich von den im Sommer gesammelten Vorräten eine Mahlzeit zu bereiten. „Wie ist das herrlich warm und gemütlich bei euch“, sagte die Grille. „Und wie gut es hier nach einer leckeren Mahlzeit riecht. Gebt ihr mir von eurem Essen etwas ab?“

Doch die Ameisen setzten ihre Arbeit fort und taten so, als ob sie die kläglich bettelnde Grille gar nicht gehört hätten. „Bedaure“, sagte schließlich eine der Ameisen, „du kannst hier nicht bleiben“, und sie drängte die Grille durch die Tür hinaus in die Kälte. „Wir haben nichts von unseren mühselig gesammelten Vorräten zu verschenken.“

Eine andere Ameise beugte sich aus dem Fenster und rief der Grille nach: „Du hast den ganzen Sommer über nur musiziert, während wir uns abgerackert haben, um für den Winter vorzusorgen. Ja, du hast dich über unseren Fleiß sogar lustig gemacht. Jetzt kannst du sehen, wie weit du mit deiner Faulheit gekommen bist. Wer so leichtsinnig ist wie du, hat Strafe verdient. Tut uns leid!“

„Geschieht mir ganz recht“, jammerte die Grille, „ich bin ja selber schuld. Wäre ich doch im Sommer auch so klug gewesen wie die Ameisen und hätte an den Winter gedacht.“ Vor Hunger und Kälte zitternd, schlich die Grille niedergeschlagen durch den tiefen Schnee davon.

PETERS INTERNATIONAL

unter dieser anspruchsvollen Bezeichnung legt der Peters-Verlag preiswerte Bilderbücher international bekannter Künstler vor.

Bisher sind folgende Titel erschienen:
„Schlaf, Kindlein schlaf" von Sofie Frenzel (Deutschland)
„Widele, wedele" von Sofie Frenzel (Deutschland)
„Der Kirschbaum" von Ivan Gantschev (Bulgarien)
„Der alte Apfelbaum" von Masako Matsumura (Japan)
„Max, die Vogelscheuche" von Marie-José Sacré (Belgien)
„Sonja und der Bär" von Marie-José Sacré (Belgien)
„Micha und das Schloßgespenst" von Agustí Asensio Saurí (Spanien)
„Flori" von Michèle Lemieux (Kanada)
„Micha und die Drachen" von Agustí Asensio Saurí (Spanien)
„Ich und der Sturm" von Chantal Vandenberghe (Frankreich)
„Timmi und die alte Lokomotive" von Ivan Gantschev (Bulgarien)
„Die Grille und die Ameisen" von Eve Tharlet (Frankreich)
„Peter und Hansi" von Stepan Zavrel (ČSSR)
„Oskar und Julchen" von Agustí Asensio Saurí (Spanien)
„Siggi, der kleine Siebenschläfer" von François Crozat (Frankreich)
„Der blaue Elefant" von Maria Rius (Spanien)
„Das freche kleine Schwein" von Marta Koči (ČSSR)
„Das Honigdorf" von Ulises Wensell (Spanien)

Von Eve Tharlet ist außerdem als Peters-Bilderbuch „Schweinchen Kasimir" erschienen.

2. Auflage 1990

Printed in Japan
ISBN 3-87627-714-0